Amboss-Verlag St.Gallen

Mensch und Tierkreis

Charakter
Partnerschaftsbeziehungen
Stellung im Berufsleben
Aphorismen
Monatsblätter für Geburtstage
Miniaturen
Symbole und Ornamente

⊛ Sternstundenbuch
Widder

21. 3. - 20. 4.

Ein Weg
zum Nachdenken
über sich und seine
Mitmenschen

von
Ursula von Wiese

mit
Aphorismen von:

Andersen
Busch
Bismarck
Chamfort
Van Gogh
Jean Paul

⊛ Amboss-Verlag St.Gallen

Vorwort

Die Sternbilder, die, von der Erde aus betrachtet, in einem grossen Bogen den Himmelsraum umspannen, nennt man den Tierkreis. Schon vor Jahrtausenden haben sie die uns allen bekannten Namen erhalten: Widder, Stier, Zwillinge, Krebs, Löwe, Jungfrau, Waage, Skorpion, Schütze, Steinbock, Wassermann, Fische. Sie sind den Elementen Erde, Feuer, Luft und Wasser zugeordnet worden.

Von der Erde aus gesehen, durchwandert die Sonne im Verlauf eines Jahres fast immer zur gleichen Zeit dieselben Sternbilder oder Tierkreiszeichen. Wird von einem Menschen zum Beispiel gesagt, er sei ein Widder, so heisst dies, dass die S o n n e zur Zeit seiner Geburt im Tierkreiszeichen Widder gestanden hat. Aus jahrtausendealter Erfahrung weiss man, dass sich daraus, zusammen mit der Stellung der andern Planeten Mars, Venus, Merkur, Mond, Pluto, Jupiter, Saturn, Neptun und Uranus, typische menschliche Verhaltensweisen und Entwicklungsmöglichkeiten ergeben. Aber auch die übrigen elf Tierkreiszeichen zusammen mit der Stellung dieser Planeten spielen bei Veranlagung, Charakter und Gemütsverfassungen eine grosse Rolle. Diese Wirkung kann jedoch nur ergründet werden, wenn der Geburtsort und das genaue Geburtsdatum (Stunde, Minute) eines Menschen in Betracht gezogen werden. Weil sich die Erde innert 24 Stunden um die eigene Achse dreht, ergibt sich zu jedem Zeitpunkt und an jedem Ort ein anderes Bild.

Auf das menschliche Wesen wirken so vielfältige kosmische Kräfte, dass aus der schematischen Darstellung seines Geburtsbildes bloss Veranlagungen und Tendenzen erkennbar sind. Ueber allem waltet ein göttliches Gesetz, dessen Tiefe unergründlich ist.

                                            Ursula von Wiese

Alle Rechte vorbehalten
© 1982 by Amboss-Verlag St.Gallen in Au/SG
Printed in Switzerland
by Reliefdruck Au
ISBN 3-85517-101-7
Reihe Sternstundenbücher

1. Auflage 1982

Widder

21. März bis 20. April

Der Widder eröffnet den Kreis der Zeichen, und so ist der in diesem Zeichen Geborene wie der Frühling, der jedes Jahr mit ungebrochener Kraft wiederkehrt. Er ist aktiv und lebenslustig; sein Motto lautet: «Ich will.»

Er sprudelt über von schöpferischer Energie und mitreissender Begeisterung, die ihn so lange fesselt, bis der Reiz des Neuen verflogen ist. Das Schriftzeichen des Widders gibt die Hörner des Tieres wieder, es drückt Anspannung, Stosskraft, Drang nach vorn aus.

Er steckt jedoch voller Ueberraschungen. So selbstbewusst und zuversichtlich der Widdertyp auch ist, scheinbar egoistisch in seinem Wollen, er kann der grosszügigste und liebste Mensch sein, denn er hat ein weiches Herz. In seiner Naivität glaubt er ehrlich, alles besser zu können als andere, und es ist ihm unmöglich, passiv zuzusehen, wenn andere stümpern; seine Tatkraft zwingt ihn, Hand anzulegen. Schulmeisterei liegt ihm fern. Er ist kein Zauderer, sondern er trifft seine Entscheidungen augenblicklich, ohne dass er eines Anstosses von aussen bedarf. Es hat keinen Zweck, einem Widder gute Ratschläge geben zu wollen; er muss durch Schaden klug werden, und wenn er intelligent ist, lernt er auch seine Lektion.

Der Widdermensch macht keine Umschweife; er sagt geradeheraus, was er denkt, und wenn er damit aneckt, ist er höchst verwundert. Dabei ist er wegen seines warmen Herzens selbst recht empfindlich, jedoch nie hilflos. Mag er auch am Boden zerstört sein, er erhebt sich aus eigener Kraft, bereit, etwas Neues anzufangen. Sein Temperament treibt ihn, andere zu überrennen, aber er ist – und das hat bei diesem aggressiven Zeichen etwas Rührendes – nie absichtlich grausam, und er kennt keine Vorurteile. Ob er mit einem König oder einem Bettler speist, der Widder ist immer Mensch unter Menschen und schert sich nicht um festgefahrene Ansichten. Er kann ein glühender Idealist sein, der dem Ruhm den Vorrang vor dem Geld gibt.

Der Widdertyp, der ein Ziel verfolgt, lässt sich kaum bremsen, er ist aus demselben Holz geschnitzt wie der berühmte Marathonläufer, der eher zusammenbricht, als dass er aufgibt. Er ist ein Mensch der Tat. Von Henry Kissinger stammt das Wort: «Ein Mensch der Tat, der nicht denkt, ist gefährlich.» Darüber sollte sich der im Zeichen des Widders Geborene selbst klar sein. Wenn er lernt, erst zu überlegen, bevor er zur Tat schreitet, kann er, von seiner energiegeladenen Urnatur getrieben, sehr viel erreichen. Er hat – wie wir alle in bezug auf unsere Schwächepunkte – zwei Möglichkeiten. Verfügt er nicht über genügend Erfahrung und Klugheit, so benimmt er sich oft geradezu töricht. Doch wenn er aus Niederlagen lernt, kommen ihm sehr nützliche Eigenschaften zugute: Er gibt sich nie geschlagen, lässt sich nicht entmutigen und sucht dank dem Wiederherstellungsvermögen seiner Kräfte stets neue Möglichkeiten der Selbstverwirklichung.

Der Widder ist eine ausgesprochene Führernatur,

kein Diplomat, denn er nimmt kein Blatt vor den Mund, kein Stratege, denn seine Kraft ist richtungslos.

Diesem Willensmenschen ist ein unerschütterlicher Optimismus eigen. Er geht dabei so weit, dass er an Wunder glaubt, und da er bei allem Idealismus kein Träumer ist, kann es geschehen, dass er die Wunder selbst bewerkstelligt.

Niemand tritt kraftvoller und selbstbewusster auf als der Widdergeborene. Doch dann, wenn man tiefer in seine Seele schaut, erlebt man abermals eine Ueberraschung: Niemand kann so sentimental sein wie der aggressive Widder. Wenn sein Herz spricht, wird der forsche Draufgänger wachsweich. In diesem Fall muss man behutsam mit ihm vorgehen. Einem Widder gegenüber sollte man niemals vergessen, dass er ausserordentlich impulsiv ist und dem Augenblick untersteht. Um ihn festzuhalten, darf man weder langweilig noch negativ oder schüchtern sein. Widdermenschen lieben es, herausgefordert zu werden. Sie brauchen auch dann Freiheit, wenn sie sich binden, leben dem Augenblick und sind für Zukunftspläne nicht zu haben. Nichts ist ihnen ver-

hasster als das Gefühl, in einem Gefängnis zu
sein und es mit einem Wärter zu tun zu haben.
Wer an ihnen herumnörgelt, hat es mit ihnen
verdorben.

Die Spontaneität, die dem Widdermenschen fort-
während Frische und Erneuerung verleiht, ist
das Geheimnis seiner Ueberlegenheit und Begeisterungsfähigkeit. Er ist immer auf dem Sprung,
und er bezieht seine unverwüstliche Kraft aus
der Dynamik seiner Natur, seinem Optimismus,
seinem Wunderglauben und seiner Grosszügigkeit.
Da seine Reaktionen kaum jemals vorauszusehen
sind, ist ein beschauliches Leben mit ihm nicht
möglich, dafür ist es um so kurzweiliger.

Wirklich gefährlich ist der Widdermensch, bei
dem typische schlechte Eigenschaften vorherr-
schen: Er ist hochmütig, tyrannisch, willkür-
lich, selbstsüchtig und überheblich. Sie wirken
sich für andere schlimm aus, wenn ein solcher
Willensmensch Macht erlangt.

Schon das kleine Widderkind packt mit den Händer
fest zu und stampft mit dem Fuss auf oder
wirft sich schreiend auf den Boden, wenn etwas
nicht nach seinem Kopf geht. Es ist jenes drol-
lige Geschöpf, das sich weitaus mehr zumutet,
als es vermag. Es braucht Aufmerksamkeit und
wird zornig, wenn man es allzu lange allein
lässt. Sein Tatendrang bewirkt, dass es schon
früh laufen und sprechen lernt. In der Schule
bei der Gruppenbildung übernimmt es die Führung.
Ein Widderkind, dem keine Disziplin bei-
gebracht wird, hat es später schwer. Aber nie
darf vergessen werden, dass es ein weiches
Herz hat und im Grunde, trotz seinem herrischen
Gebaren, schwer leidet, wenn es sich ungeliebt
vorkommt.

Im Berufsleben braucht der Widder einen verständnisvollen Vorgesetzten, der kein sturer Beamter oder Federfuchser ist. Denn dem Widder macht es nichts aus, bis spät in die Nacht hinein zu arbeiten; andererseits möchte er am Morgen antreten, wann es ihm passt. Eine Stechuhr ist bei ihm ein Unding, das ihn nur lähmt, so dass er über kurz oder lang ausbricht. Wenn er seine Arbeit liebt, tut er sie mit voller Kraft – mit nicht geringer Kraft! Mit einem ganz und gar untergeordneten Posten kann er sich schwerlich zufriedengeben.

Als Chef erwartet der Widder von seinen Mitarbeitern und Untergebenen die gleiche Einstellung wie etwas Selbstverständliches. Da ist er loyal und grosszügig. Zeugnisse kümmern ihn nicht, für ihn ist das Tun entscheidend. Er ist als Egoist kein guter Menschenkenner, aber er spürt sehr schnell heraus, ob er den richtigen Mitarbeiter an seiner Seite hat. Er wird seine Abhängigkeit von einem andern niemals zugeben ausser sich selbst gegenüber. Er hat eine Schwäche, die er zu verbergen weiss, und die man gerade bei dieser Herrschernatur am wenigsten vermuten würde: Er möchte beliebt sein, er braucht die Anerkennung seitens seiner Umgebung. Man vergesse nicht, der Widder ist und bleibt sentimental. Wenn er den Verdacht hegt, sein Vorgehen werde missbilligt oder sein Können geringgeschätzt, ist er tiefunglücklich. Seine gelegentlichen Zornesausbrüche sind weniger schlimm, als sie scheinen; er selbst vergisst sie schnell, denn er ist weder nachtragend noch rachsüchtig. In dieser Hinsicht gleicht er dem Löwegeborenen.

Januar

Geburtstage von

_____
_____
_____
_____

Steinbock

21. 12. - 19. 1.

Widder und Steinbock

Die beiden können zusammenwachsen, wenn das unruhige Herz des Widders spricht und der eine vom andern lernt. Der Widder kann den ernsten Sinn des Steinbocks auflockern und der Steinbock das Draufgängertum des Widdersgeborenen zügeln. Einem kurzfristigen Verhältnis sind weniger glückliche Stunden beschieden als einer festen Bindung.

Halt dein Rösslein nur im Zü-
gel, kommst ja doch nicht allzu-
weit, hinter jedem neuen Hügel
dehnt sich die Unendlichkeit.
Nenne niemand dumm und säumig,
der das nächste recht bedenkt,
ach, die Welt ist so geräumig
und der Kopf ist so beschränkt.

        Wilhelm Busch
        15. April 1843

Ich behaupte, dass die Schuster-
zunft am berühmtesten ist, weil
ich der Sohn eines Schusters
bin.

> H. C. Andersen
> 2. April 1805

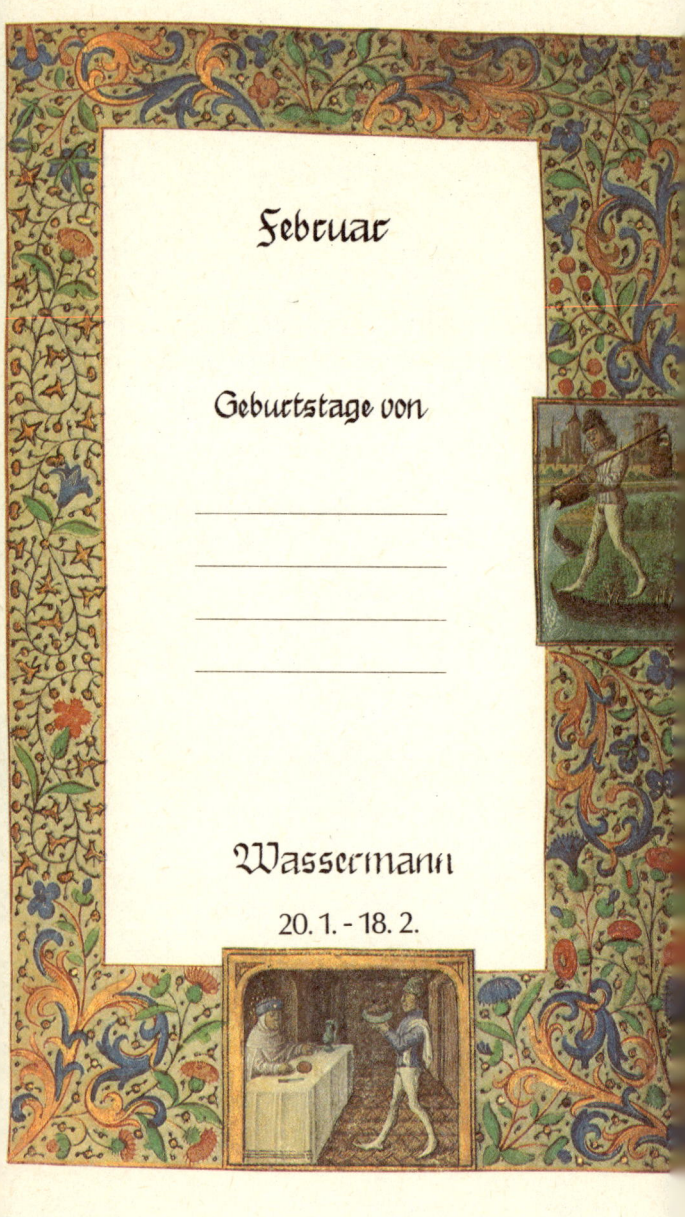

Februar

Geburtstage von

_____
_____
_____
_____

Wassermann

20. 1. - 18. 2.

Widder und Wassermann

Der Widdergeborene muss sich hüten,
seiner Neigung zum Ueberrennen nach-
zugeben, Gleichberechtigung heisst
das Stichwort für eine Beziehung
zwischen den beiden. Wenn auf beiden
Seiten Verständnis für die Eigenart
des andern besteht, können Widder und
Wassermann gut zusammenwirken.

März

Geburtstage von

_____

_____

_____

_____

Fische
19. 2. - 20. 3.

Widder und Fische

Die beiden finden selten zusammen.
Nur wenn es dem Widder möglich ist,
aus dem intuitiven Verhalten des
Fischegeborenen Gewinn zu ziehen und
ihn mit seiner starken Zuversicht von
seinem Panzer zu befreien, ist eine
fruchtbare Verbindung möglich.

Die Kunst ist nicht ein Ziel, sondern ein Mittel, die Menschheit anzusprechen.

> Petrowitsch Mussorgski
> 21. März 1839

Nicht das Beginnen wird belohnt, sondern einzig und allein das Durchhalten.

> Katharine von Siena
> 25. März 1347

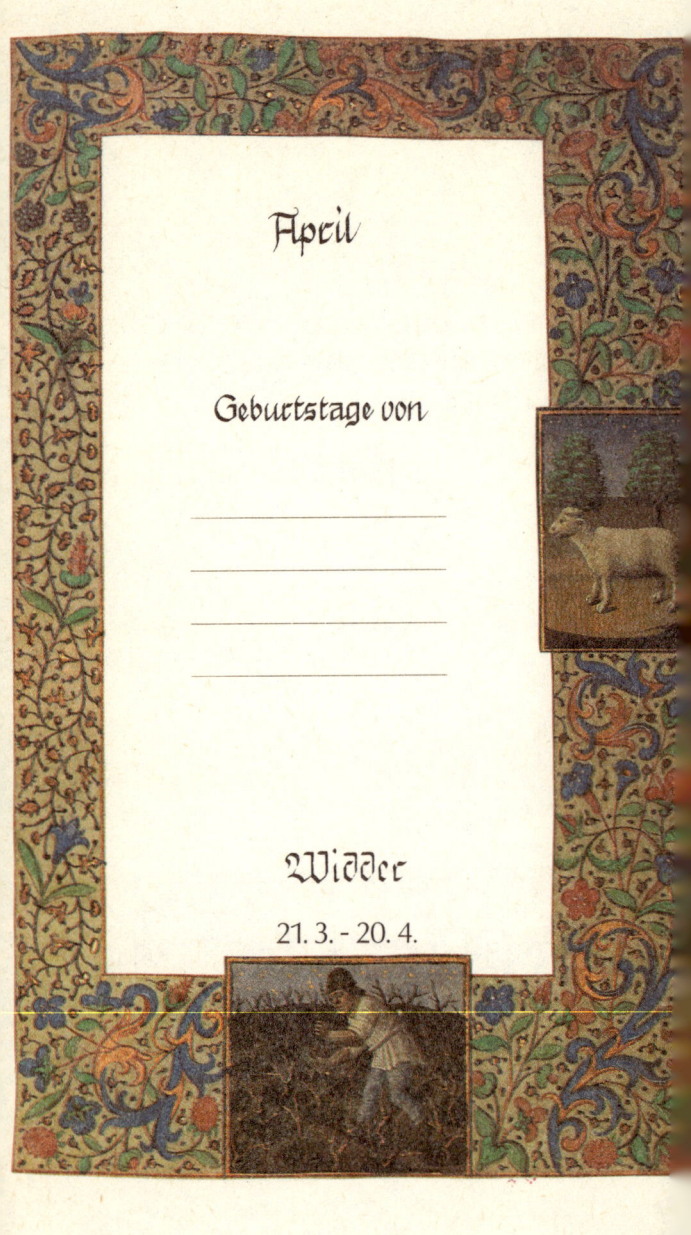

April

Geburtstage von

_____

_____

_____

_____

Widder

21. 3. - 20. 4.

Widder und Widder

Die beiden fühlen sich stark zueinander hingezogen, die Begegnung vollzieht sich spontan und bringt Sternstunden. Aber auf die Dauer, im Alltag, kann es zu Machtkämpfen kommen. Diese Machtkämpfe können eine geringere Rolle spielen, wenn beiden Gelegenheit geboten wird, ihre Begeisterungsfähigkeit zu entfalten und auszuschöpfen.

Ein Kunstwerk ist ein Stück Natur, gesehen durch ein Temperament.

> Emile Zola
> 2. April 1743

♈ ♉

Widder und Stier

Die beiden leben auf ungleicher Ebene. Der gemächliche Stier verträgt die Impulsivität des draufgängerischen Widders schlecht, und den Widder reizt oder langweilt die ausdauernde Leidenschaft des Stiers. Der Stier will das Glück behalten, der Widder hingegen immer wieder ein neues entdecken.

Mai

Geburtstage von

_____

_____

_____

_____

Stier

21. 4. - 20. 5.

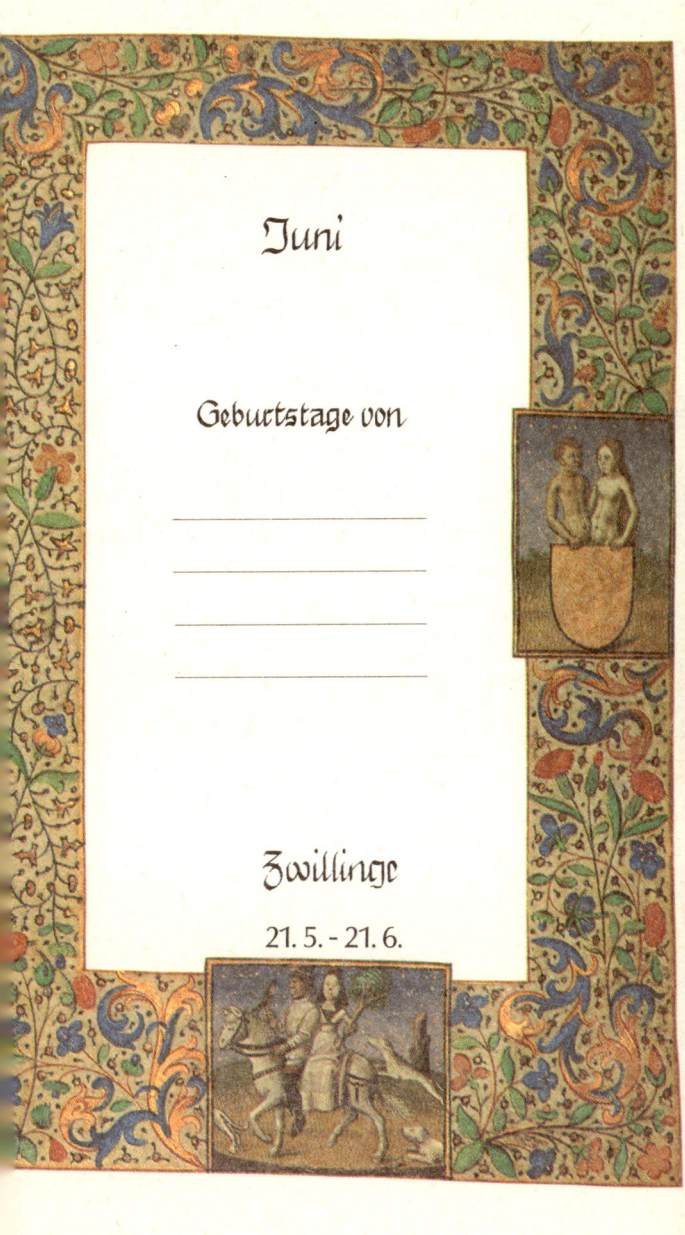

Juni

Geburtstage von

_____
_____
_____
_____

Zwillinge
21. 5. - 21. 6.

Widder und Zwillinge

Eine fruchtbare, anregende Beziehung zwischen aktiven Forschernaturen. Solange der Zwillings-Geborene dank seiner Gewandtheit imstande ist, sich der Herrschsucht des Widders zu fügen, wird alles gut gehen. Entscheidend sind gemeinsame Interessen.

In grossen Dingen zeigen sich
die Menschen so, wie man es von
ihnen erwartet, in kleinen Dingen geben sie sich so, wie sie
sind.

Chamfort
6. April 1741

Widder und Krebs

Sie unterstehen der Anziehung der Gegensätze. Damit die Temperamentsunterschiede nicht zu Unverträglichkeiten führen, muss der Widder auf die Empfindsamkeit des Krebsgeborenen Rücksicht nehmen und ihm Gelegenheit geben, sich ihm anzupassen.

Juli

Geburtstage von

_____

_____

_____

_____

Krebs

22. 6. - 22. 7.

Keine grössere und keine kleinere Herrschaft kannst du haben als die über dich selber.

>Leonardo da Vinci
>15. April 1452

Das Unglück der Erde war bisher, dass zwei den Krieg beschlossen und Millionen ihn ausführten und ausstanden, indes es besser, wenn auch nicht gut gewesen wäre, dass Millionen beschlossen hätten und zwei bestritten.

       Jean Paul
       21. März 1763

August

Geburtstage von

1.8. Gjendli
8.8. Erika
10.8. Elfi
12.8. Iwas
21.8. Omi

Löwe
23. 7. - 22. 8.

Widder und Löwe

Der schwungvolle Widdertyp findet im lebenskräftigen Löwen einen Ebenbürtigen. Diese beiden können ein ideales Paar bilden, wenn sie ihre positiven Eigenschaften ausleben. In diesem Falle heisst es wörtlich: Der Klügere gibt nach. Je mehr Beachtung der Widder dem Löwen schenkt, desto sicherer wird der Löwe zusammen mit dem begeisterungsfähigen Widder ehrgeizige Ziele erreichen.

Es ist besser, einen feurigen Geist zu haben und Fehler zu begehen, als beschränkt und übervorsichtig zu sein.

                          Van Gogh

Wenn man eine Sache vervollkommnet und sie gut versteht, dann wird man auch andere Dinge gut verstehen und begreifen.

                          Van Gogh

Vergessen wir nicht, dass die kleinen Gefühlsregungen die grossen Führer in unserem Leben sind. Wir gehorchen ihnen, ohne es zu wissen.

                          Van Gogh
                          30. März 1853

Widder und Jungfrau

Bei dieser Verbindung gibt es nur ein Entweder – Oder. Wenn einer vom andern lernt, können sich die Gegensätze abschleifen; im andern Fall kann es nach einer kurzen Verzauberung zu einer unangenehmen Ernüchterung kommen. Geistiges Niveau und Einsicht sind ausschlaggebend. Der Widder sollte lernen, die Genauigkeit der Jungfrau zu schätzen, denn sie gleicht seinen Hang zur Grosszügigkeit aus.

September

Geburtstage von

_____

_____

_____

_____

Jungfrau

23. 8. - 22. 9.

Oktober

Geburtstage von

_____

_____

_____

Waage

23. 9. - 22. 10.

Widder und Waage

Der Widder muss sich zähmen, denn die
Waage ist leicht zu enttäuschen.
Kommen bei der liebebedürftigen Waage
Zärtlichkeit und Harmonie zu kurz,
kann die Waage sehr darunter leiden
und ihre Erfüllung woanders suchen.

Wie kann man einen
Menschen hassen
und trotzdem
bei Verstand sein?

Tennessee Williams
26. März 1914

November

Geburtstage von

_____

_____

_____

_____

Skorpion
23. 10. – 21. 11.

Widder und Skorpion

Die Beziehung ist oft unstabil, denn beide ertragen keinen Zwang. Zudem lässt sich der Skorpiongeborene nie in eine Richtung einspannen, die er nicht selber erkannt hat. Langweilen werden sich die beiden auf keinen Fall.

Bilden wir uns bloss nicht ein,
es wäre alles getan, wenn wir
recht viel weinen, sondern legen
wir selber Hand mit Hand an, um
viel zu arbeiten.

                      Theresia von Avila
                      28. März 1515

Nur wer mit Leichtigkeit, mit
Freude und Lust die Welt sich zu
erhalten weiss, der hält sie
fest.

> Bettina von Arnim
> 4. April 1785

Dezember

Geburtstage von

_____

_____

_____

_____

Schütze

22. 11. - 20. 12.

Widder und Schütze

Die beiden können sich, wenn sie ein gemeinsames Ziel haben, gut verstehen und einander anregen. Der Widder muss sich allerdings bemühen, dem innerlich gespaltenen Schützen über die Lebensschwierigkeiten hinwegzuhelfen. Da beide Kämpfernaturen sind und beide nach Anerkennung lechzen, müssen sie sich gegenseitig genügend Spielraum lassen, um Rivalitäten zu vermeiden.

Andere berühmte Widder–Persönlichkeiten

Marlon Brando	3. 4. 1924
Charles Chaplin	16. 4. 1899
Nikita Chruschtschow	17. 4. 1894
Francisco de Goya	20. 3. 1746
Herbert von Karajan	5. 4. 1908
Heinrich Mann	27. 3. 1871
Gregory Peck	5. 4. 1916
Leopold Stokowski	18. 4. 1882
Oskar Strauss	6. 4. 1870
Franz von Suppé	18. 4. 1819
Peter Ustinov	16. 4. 1921
Martin Walser	24. 3. 1927
Thorton Wilder	17. 4. 1897

Quellenangaben

12 farbige Monatsornamente mit
je zwei eingefügten Miniaturbildern:
Stundenbuch aus dem 15. Jahrhundert,
National Gallery of Victoria, Melbourne

Tierkreisbild auf der Rückseite
des Schutzumschlags:
Liber Astrologiae du XIV siècle,
Nationalbibliothek, Paris

Die farbigen Tierkreismedaillons
auf den Schutzumschlagklappen sind
dem Vollfaksimilebuch des Faksimile-
Verlags Luzern entnommen worden.
Die Originalhandschrift (medizinisch-
astrologisches Manuskript) liegt in
der Zentralbibliothek Zürich.